KB211291

신 심 명 信心銘

우리출판사

신 심 명 信心銘

신심명

「신심명」은 선종의 삼조三祖 승찬僧璨 스님이 지은 글로, 불자가 처음 발심할 때부터 성불에 이를 때까지 가져야 하는 신심信心에 대해 기술한 사언절구四言絶句 형식의 시문이다. 「신심명」은 총 146 구 584 자로 이루어진 짧은 글이지만 그 속에는 팔만대장경의 심오한 불법과 천칠백 공안의 격외도리가 다 담겨 있다고 평가될 만큼 뛰어난 글이다.

중국에 불법이 전래된 이후 '문자로서는 최고의 문자'라고 격찬을 받는 「신심명」은 미워함과 사랑함 [憎愛], 거스름과 따름 [逆順], 옳고 그름 [是非] 등등의 일생생활에서 나타나는 상대적 개념을 여읜 중도中道 사상을 간명하게 보여준다. 수행인들의 지침서로 읽혀 온 「신심명」은 불자들이라면 필히 간직해야 할 금언金言을 담은 시문이다.

사경의 목적

사경은 경전의 뜻을 보다 깊이 이해하려는 목적도 있지만, 부처님의 말씀을 옮겨 쓰는 경건한 수행을 통해 자기의 신심信心과 원력을 부처님의 말씀과 일체화시켜서 신앙의 힘을 키워나가는데 더 큰 목적이 있다.

조용히 호흡을 가다듬고 부처님의 말씀을 마음으로 되새기며, 정신을 집중하여 사경에 임하다 보면 자신도 모르는 사이에 사경삼매에 들게 된다. 또한 심신心身이 청정해져 부처님의 마음과 통하게 되니, 부처님의 지혜의 빛과 자비광명이 우리의 마음속 깊이 스며들어 온다.

그러면 몸과 마음이 안락과 행복을 느끼면서 내 주변의 모든 존재에 대한 자비심이 일어나니, 사경의 공덕은 이렇듯 그 자리에서 이익을 가져온다.

사경하는 마음

경전에 표기된 글자는 단순한 문자가 아니라 부처님께서 깨달은 진리라는 상징성을 갖고 있다. 경전의 글자 하나하나가 중생구제를 서원하신 부처님의 마음이며, 중생을 진리의 길로 인도하는 지침인 것이다.

예로부터 사경을 하며 1자3배의 정성을 기울인 것도 경전의 한 글자 한 글자에 부처님이 함께하신다고 생각했기 때문이다. 사경이 수행인 동시에 기도의 일환으로 불자들에게 널리 행해지는 까닭이 여기에 있다.

사경은 부처님의 가르침과 함께하는 시간이며 부처님과 함께하는 시간이다. 부처님의 말씀을 가슴으로 받아들이고 마음으로 찬탄하며 진실로 기쁘게 환희로워야 하는 시간인 것이다.

따라서 사경은 가장 청정한 마음으로 임해야 한다.

사경의 공덕

❀ 마음이 안정되고 평화로워져 미소가 떠나질 않는다.

❀ 부처님을 믿는 마음이 더욱 굳건해진다.

❀ 번뇌 망상, 어리석은 마음이 사라지고 지혜가 증장한다.

❀ 생업이 더욱 번창한다.

❀ 좋은 인연을 만나고 착한 선과가 날로 더해진다.

❀ 업장이 소멸되며 소원한 바가 반드시 이루어진다.

❀ 불보살님과 천지신명이 보호해 주신다.

❀ 각종 질환이나 재난, 구설수 등 현실의 고苦를 소멸시킨다.

❀ 선망조상이 왕생극락하고 원결 맺은 다겁생의 영가들이
   이고득락離苦得樂한다.

❀ 가정이 화목하고 자손들의 앞길이 밝게 열린다.

사경하는 절차

1. 몸을 깨끗이 하고 옷차림을 단정히 한다.

2. 사경할 준비를 갖춘다.(사경상, 좌복, 필기도구 등)

3. 삼배 후, 의식문이 있으면 의식문을 염송한다.

4. 좌복 위에 단정히 앉아 마음을 고요히 한다.
   (잠시 입정하면 더욱 좋다.)

5. 붓이나 펜으로 한 자 한 자 정성스럽게 사경을 시작한다.

6. 사경이 끝나면 사경 발원문을 염송한다.

7. 삼배로 의식을 마친다.

◆ 기도를 더 하고 싶을 때에는 사경이 끝난 뒤, 경전 독송이나
   108배 참회기도, 또는 그날 사경한 내용을 참구하는 명상 시간을
   갖는 것도 좋다.

◆ 사경에 사용하는 붓이나 펜은 사경 이외의 다른 용도에 사용하지
   않도록 한다.

◆ 완성된 사경은 집안에서 가장 정갈한 곳(혹은 높은 곳)에 보관하거나,
   경건하게 소각시킨다.

발 원 문

신 심 명 信心銘

01 지도무난   유혐간택   단막증애   통연명백

至道無難이요 唯嫌揀擇이니
但莫憎愛하면 洞然明白이라

지극한 도는 어렵지 않음이요
오직 간택함을 꺼릴 뿐이니
미워하고 사랑하지만 않으면
통연히 명백하니라.

02 호리유차   천지현격   욕득현전   막존순역

毫釐有差하면 天地懸隔하나니
欲得現前이어든 莫存順逆하리

털끝만큼이라도 차이가 있으면
하늘과 땅 사이로 벌어지나니
도가 앞에 나타나길 바라거든
따름과 거슬림을 두지 말라.

03 위순상쟁　시위심병　불식현지　도로염정

違順相爭이 是爲心病이니

不識玄旨하고 徒勞念靜이로다

어긋남과 따름이 서로 다툼은
이는 마음의 병이 됨이니
현묘한 뜻은 알지 못하고
공연히 생각만 고요히 하려 하도다.

04 원동태허　무흠무여　양유취사　소이불여

圓同太虛하여 無欠無餘어늘

良由取捨하여 所以不如라

둥글기가 큰 허공과 같아서
모자람도 없고 남음도 없거늘
취하고 버림으로 말미암아
그 까닭에 여여하지 못하도다.

05 막축유연　물주공인　일종평회　민연자진

莫逐有緣하고　勿住空忍하라
一種平懷하면　泯然自盡이라

　세간의 인연도 따라가지 말고
　출세간의 법에도 머물지 말라.
　한 가지를 바르게 지니면
　사라져 저절로 다하리라.

06 지동귀지　지갱미동　유체양변　영지일종

止動歸止하면　止更彌動하나니
唯滯兩邊이라　寧知一種가

　움직임 그쳐 그침으로 돌아가면
　그침이 다시 큰 움직임이 되나니
　오직 양변에 머물러 있거니
　어찌 한 가지임을 알 건가.

07 일종불통 양처실공 견유몰유 종공배공

一種不通하면 兩處失功이니

遣有沒有요 從空背空이라

한 가지에 통하지 못하면
양쪽 다 공덕을 잃으리니
있음을 버리면 있음에 빠지고
공함을 따르면 공함을 등지느니라.

08 다언다려 전불상응 절언절려 무처불통

多言多慮하면 轉不相應이요

絶言絶慮하면 無處不通이라

말이 많고 생각이 많으면
더욱더 상응치 못함이요
말을 끊어지고 생각이 끊어지면
통하지 않는 곳 없느니라.

09 귀근득지 수조실종 수유반조 승각전공

歸根得旨요 隨照失宗이니
須臾返照하면 勝却前空이라

　　근본으로 돌아가면 뜻을 얻고
　　비춤을 따르면 종취를 잃나니
　　잠깐 사이에 돌이켜 비춰보면
　　앞의 공함보다 뛰어남이라.

10 전공전변 개유망견 불용구진 유수식견

前空轉變은 皆由妄見이니
不用求眞이요 唯須息見이라

　　앞의 공함이 전변함은
　　모두 망견 때문이니
　　참됨을 구하려 하지 말고
　　오직 망령된 견해만 쉴지니라.

11 이견부주 신물추심 재유시비 분연실심

二見不住하여 愼勿追尋하라

繞有是非하면 紛然失心이니라

두 견해에 머물지 말고
삼가 쫓아가 찾지 말라.
잠깐이라도 시비를 일으키면
어지러히 본 마음을 잃으리라.

12 이유일유 일역막수 일심불생 만법무구

二由一有니 一亦莫守하라

一心不生하면 萬法無咎니라

둘은 하나를 말미암아 있음이니
하나마저도 지키지 말라.
한마음이 나지 않으면
만법이 허물이 없느니라.

13 무구무법   불생불심   능수경멸   경축능침

無咎無法이요 不生不心이라
能隨境滅하고 境逐能沈하여

　　허물이 없으면 법도 없고
　　나지 않으면 마음이랄 것도 없음이라.
　　주관은 객관을 따라서 소멸하고
　　객관은 주관을 따라 잠기도다.

14 경유능경   능유경능   욕지양단   원시일공

境由能境이요 能由境能이니
欲知兩段인댄 元是一空이라

　　객관은 주관으로 말미암아 객관이요
　　주관은 객관으로 말미암아 주관이니
　　양단을 알고자 할진댄
　　원래 하나의 공이니라.

15 일공동양　제함만상　불견정추　영유편당

一空同兩이니　齊含萬像하여
不見精麤이니　寧有偏黨가

　　하나의 공은 양단과 같아서
　　삼라만상을 함께 다 포함하여
　　세밀하고 거칠음을 보지 못하거니
　　어찌 치우침이 있겠는가.

16 대도체관　무이무난　소견호의　전급전지

大道體寬하여　無易無難이어늘
小見狐疑하여　轉急轉遲로다

　　대도는 본체가 넓어서
　　쉬움도 없고 어려움도 없거늘
　　좁은 견해는 여우 같은 의심을 내어
　　서둘수록 더욱 더디어지도다.

17 집지실도 필입사로 방지자연 체무거주

執之失度라 必入私路요
妨之自然이니 體無去住라

집착하면 법도를 잃음이라
반드시 삿된 길에 들어가고
놓아 버리면 자연히 본래로 되어
본체는 가거나 머무름이 없도다.

18 임성합도 소요절뇌 계념괴진 혼침불호

任性合道하여 逍遙絶惱하고
繫念乖眞하여 昏沈不好니라

자성에 맡기면 도에 합하여
일 없는 듯 번뇌가 끊기고
생각에 얽매이면 참됨에 어긋나서
혼침함이 좋지 않느니라.

19 불호로신　하용소친　욕취일승　물오육진

不好勞神커든 何用疎親가
欲趣一乘이어든 勿惡六塵하라

　　좋지 않으면 신기를 괴롭히거늘
　　어찌 성기고 친함에 쓸건가.
　　일승으로 나아가고자 하거든
　　육진을 미워하지 말라.

20 육진불오　환동정각　지자무위　우인자박

六塵不惡하면 還同正覺이라
智者無爲어늘 愚人自縛이로다

　　육진을 미워하지 않으면
　　도리어 정각과 동일함이라.
　　지혜로운 이는 함이 없거늘
　　어리석은 사람은 스스로 얽매이도다.

21 법무이법　망자애착　장심용심　기비대착

法無異法이어늘 妄自愛著하여
將心用心하니 豈非大錯가

　　법에는 다른 법이 없거늘
　　망령되이 스스로 애착하여
　　마음을 가지고 마음을 쓰니
　　어찌 크게 그릇됨이 아니랴.

22 미생적란　오무호오　일체이변　망자짐작

迷生寂亂이요 悟無好惡이니
一切二邊은 妄自斟酌이로다

　　미혹하면 고요함과 어지러움이 생기고
　　깨치면 좋음과 미움이 없거니
　　모든 상대적인 두 견해는
　　망령되이 스스로 짐작하기 때문이로다.

23 몽환공화 하로파착 득실시비 일시방각

夢幻空華를 何勞把捉가
得失是非를 一時放却하라

꿈속의 허깨비와 헛꽃을
어찌 애써 잡으려 하는가.
얻고 잃음과 옳고 그름을
일시에 놓아 버려라.

24 안약불수 제몽자제 심약불이 만법일여

眼若不睡하면 諸夢自除요
心若不異하면 萬法一如니라

눈에 만약 졸음이 없으면
모든 꿈 저절로 없어지고
마음이 다르지 않으면
만법이 한결 같느니라.

25 일여체현 올이망연 만법제관 귀부자연

一如體玄하고 兀爾忘緣하여
萬法齊觀에 歸復自然이니라

　　하나 같이 본체가 현묘하여
　　올연히 인연을 잊어서
　　만법이 눈앞에 드러나니
　　돌아감이 자연스럽도다.

26 민기소이 불가방비 지동무동 동지무지

泯其所以하면 不可方比니
止動無動이요 動止無止라

　　그 까닭을 없애면
　　견주어 비할 바가 없음이니
　　멈추고 움직이되 움직임이 없고
　　움직이고 멈추되 멈춤이 없도다.

사
경
본

22

27 양기불성 일하유이 구경궁극 부존궤칙

兩旣不成이라 一何有爾아
究竟窮極하면 不存軌則이로다

둘이 이미 이루어지지 못하거니
하나인들 어찌 있을 건가.
구경을 궁극하면
일정한 법칙이 있지 않도다.

28 계심평등 소작구식 호의진정 정신조직

契心平等하여 所作俱息이면
狐疑盡淨하여 正信調直이라

마음에 계합하여 평등케 되어
짓고 짓는 바를 함께 쉬면
의심이 다하여 맑아지고
바른 믿음이 조화롭게 바르리라.

29 일체불유 무가기억 허명자조 불로심력

一切不留하여 無可記憶이로다
虛明自照하니 不勞心力이라

일체가 머물지 아니하면
기억할 아무것도 없나니
허허로이 밝아 스스로 비추나니
애써 마음 쓸 일 아니로다.

30 비사량처 식정난측 진여법계 무타무자

非思量處라 識情難測이로다
眞如法界엔 無他無自라

생각으로 헤아릴 곳 아님이라
의식과 망정으론 측량키 어렵도다.
바로 깨친 진여의 법계에는
남도 없고 나도 없음이라

31 요급상응　유언불이　불이개동　무불포용

要急相應하면 唯言不二이니
不二皆同하여 無不包容이로다

　　재빨리 상응코저 하거든
　　오직 불이를 말할 뿐이니
　　불이는 모두 같아서
　　포용하지 않음이 없도다.

32 시방지자　개입차종　종비촉연　일념만년

十方智者는 皆入此宗이라
宗非促延이니 一念萬年이요

　　시방의 지혜로운 이들은
　　다 이 종취에 들어옴이라.
　　종취는 짧거나 길지 아니하니
　　한 생각이 만년이요

신
심
명

25

33 무재부재   시방목전

無在不在라 十方目前이로다

있고 있지 아니함이 없어서
시방이 눈앞이로다.

34 극소동대   망절경계   극대동소   불견변표

極小同大하니 忘絶境界요
極大同小라 不見邊表이라

지극히 작은 것은 큰 것과 같아서
경계가 모두 끊어지고
지극히 큰 것은 작은 것과 같아서
그 끝과 겉을 볼 수 없음이라.

35 유즉시무 무즉시유 약불여시 필불수수

有卽是無요 無卽是有니
若不如是면 必不須守라

있음이 곧 없음이요
없음이 곧 있음이니
만약 이와 같지 않다면
반드시 지켜서는 안 되느니라.

36 일즉일체 일체즉일 단능여시 하려불필

一卽一切요 一切卽一이니
但能如是면 何慮不畢가

하나가 곧 일체요
일체가 곧 하나이니
다만 능히 이와 같다면
어찌 마치지 못함을 염려하랴.

37 신심불이 불이신심 언어도단 비거래금

信心不二요 不二信心이라
言語道斷하여 非去來今이로다

믿는 마음은 둘이 아니며
둘 아님이 믿는 마음이니
언어의 길이 끊어져서
과거 미래 현재도 아니로다.

불기 25   년   월   일

신 심 명 信心銘

01 지도무난 유혐간택 단막증애 통연명백

至道無難이요 唯嫌揀擇이니
但莫憎愛하면 洞然明白이라

　　지극한 도는 어렵지 않음이요
　　오직 간택함을 꺼릴 뿐이니
　　미워하고 사랑하지만 않으면
　　통연히 명백하니라.

02 호리유차 천지현격 욕득현전 막존순역

毫釐有差하면 天地懸隔하나니
欲得現前이어든 莫存順逆하라

　　털끝만큼이라도 차이가 있으면
　　하늘과 땅 사이로 벌어지나니
　　도가 앞에 나타나길 바라거든
　　따름과 거슬림을 두지 말라.

03 위순상쟁 시위심병 불식현지 도로염정

違順相爭이 是爲心病이니
不識玄旨하고 徒勞念靜이로다

어긋남과 따름이 서로 다툼은
이는 마음의 병이 됨이니
현묘한 뜻은 알지 못하고
공연히 생각만 고요히 하려 하도다.

04 원동태허 무흠무여 양유취사 소이불여

圓同太虛하여 無欠無餘어늘
良由取捨하여 所以不如라

둥글기가 큰 허공과 같아서
모자람도 없고 남음도 없거늘
취하고 버림으로 말미암아
그 까닭에 여여하지 못하도다.

05 막축유연 물주공인 일종평회 민연자진

莫逐有緣하고 勿住空忍하라
一種平懷하면 泯然自盡이라

> 세간의 인연도 따라가지 말고
> 출세간의 법에도 머물지 말라.
> 한 가지를 바르게 지니면
> 사라져 저절로 다하리라.

06 지동귀지 지갱미동 유체양변 영지일종

止動歸止하면 止更彌動하나니
唯滯兩邊이라 寧知一種가

> 움직임 그쳐 그침으로 돌아가면
> 그침이 다시 큰 움직임이 되나니
> 오직 양변에 머물러 있거니
> 어찌 한 가지임을 알 건가.

07 일종불통　양처실공　견유몰유　종공배공

一種不通하면 兩處失功이니
遣有沒有요 從空背空이라

한 가지에 통하지 못하면
양쪽 다 공덕을 잃으리니
있음을 버리면 있음에 빠지고
공함을 따르면 공함을 등지느니라.

08 다언다려　전불상응　절언절려　무처불통

多言多慮하면 轉不相應이요
絶言絶慮하면 無處不通이라

말이 많고 생각이 많으면
더욱 더 상응치 못함이요
말을 끊어지고 생각이 끊어지면
통하지 않는 곳 없느니라.

09 귀근득지 수조실종 수유반조 승각전공

歸根得旨요 隨照失宗이니
須臾返照하면 勝却前空이라

　　근본으로 돌아가면 뜻을 얻고
　　비춤을 따르면 종취를 잃나니
　　잠깐 사이에 돌이켜 비춰보면
　　앞의 공함보다 뛰어남이라.

10 전공전변 개유망견 불용구진 유수식견

前空轉變은 皆由妄見이니
不用求眞이요 唯須息見이라

　　앞의 공함이 전변함은
　　모두 망견 때문이니
　　참됨을 구하려 하지 말고
　　오직 망령된 견해만 쉴지니라.

11 이견부주　신물추심　재유시비　분연실심

二見不住하여 愼勿追尋하라

纔有是非하면 紛然失心이니라

　　두 견해에 머물지 말고
　　삼가 쫓아가 찾지 말라.
　　잠깐이라도 시비를 일으키면
　　어지러히 본 마음을 잃으리라.

12 이유일유　일역막수　일심불생　만법무구

二由一有니 一亦莫守하라

一心不生하면 萬法無咎니라

　　둘은 하나를 말미암아 있음이니
　　하나마저도 지키지 말라.
　　한마음이 나지 않으면
　　만법이 허물이 없느니라.

13 무구무법 불생불심 능수경멸 경축능침

無咎無法이요 不生不心이라
能隨境滅하고 境逐能沈하여

허물이 없으면 법도 없고
나지 않으면 마음이랄 것도 없음이라.
주관은 객관을 따라서 소멸하고
객관은 주관을 따라 잠기도다.

14 경유능경 능유경능 욕지양단 원시일공

境由能境이요 能由境能이니
欲知兩段인댄 元是一空이라

객관은 주관으로 말미암아 객관이요
주관은 객관으로 말미암아 주관이니
양단을 알고자 할진댄
원래 하나의 공이니라.

15 일공동양 제함만상 불견정추 영유편당

一空同兩이니 齊含萬像하여
不見精麤이니 寧有偏黨가

하나의 공은 양단과 같아서
삼라만상을 함께 다 포함하여
세밀하고 거칠음을 보지 못하거니
어찌 치우침이 있겠는가.

16 대도체관 무이무난 소견호의 전급전지

大道體寬하여 無易無難이어늘
小見狐疑하여 轉急轉遲로다

대도는 본체가 넓어서
쉬움도 없고 어려움도 없거늘
좁은 견해는 여우 같은 의심을 내어
서둘수록 더욱 더디어지도다.

17 집지실도　필입사로　방지자연　체무거주

執之失度라 必入私路요
妨之自然이니 體無去住라

　　집착하면 법도를 잃음이라
　　반드시 삿된 길에 들어가고
　　놓아 버리면 자연히 본래로 되어
　　본체는 가거나 머무름이 없도다.

18 임성합도　소요절뇌　계념괴진　혼침불호

任性合道하여 逍遙絶惱하고
繫念乖眞하여 昏沈不好니라

　　자성에 맡기면 도에 합하여
　　일 없는 듯 번뇌가 끊기고
　　생각에 얽매이면 참됨에 어긋나서
　　혼침함이 좋지 않느니라.

19 불호로신 하용소친 육취일승 물오육진

不好勞神커든 何用疎親가
欲趣一乘이어든 勿惡六塵하라

좋지 않으면 신기를 괴롭히거늘
어찌 성기고 친함에 쓸건가.
일승으로 나아가고자 하거든
육진을 미워하지 말라.

20 육진불오 환동정각 지자무위 우인자박

六塵不惡하면 還同正覺이라
智者無爲어늘 愚人自縛이로다

육진을 미워하지 않으면
도리어 정각과 동일함이라.
지혜로운 이는 함이 없거늘
어리석은 사람은 스스로 얽매이도다.

21 법무이법　망자애착　장심용심　기비대착

法無異法이어늘 妄自愛著하여
將心用心하니 豈非大錯가

　　법에는 다른 법이 없거늘
　　망령되이 스스로 애착하여
　　마음을 가지고 마음을 쓰니
　　어찌 크게 그릇됨이 아니랴.

22 미생적란　오무호오　일체이변　망자짐작

迷生寂亂이요 悟無好惡이니
一切二邊은 妄自斟酌이로다

　　미혹하면 고요함과 어지러움이 생기고
　　깨치면 좋음과 미움이 없거니
　　모든 상대적인 두 견해는
　　망령되이 스스로 짐작하기 때문이로다.

23 몽환공화 하로파착 득실시비 일시방각

夢幻空華를 何勞把捉가
得失是非를 一時放却하라

꿈속의 허깨비와 헛꽃을
어찌 애써 잡으려 하는가.
얻고 잃음과 옳고 그름을
일시에 놓아 버려라.

24 안약불수 제몽자제 심약불이 만법일여

眼若不睡하면 諸夢自除요
心若不異하면 萬法一如니라

눈에 만약 졸음이 없으면
모든 꿈 저절로 없어지고
마음이 다르지 않으면
만법이 한결 같느니라.

25 일여체현 올이망연 만법제관 귀부자연

一如體玄하고 兀爾忘緣하여
萬法齊觀에 歸復自然이니라

하나 같이 본체가 현묘하여
올연히 인연을 잊어서
만법이 눈앞에 드러나니
돌아감이 자연스럽도다.

26 민기소이 불가방비 지동무동 동지무지

泯其所以하면 不可方比니
止動無動이요 動止無止라

그 까닭을 없애면
견주어 비할 바가 없음이니
멈추고 움직이되 움직임이 없고
움직이고 멈추되 멈춤이 없도다.

27 양기불성 일하유이 구경궁극 부존궤칙

兩旣不成이라 一何有爾아
究竟窮極하면 不存軌則이로다

　　들이 이미 이루어지지 못하거니
　　하나인들 어찌 있을 건가.
　　구경을 궁극하면
　　일정한 법칙이 있지 않도다.

28 계심평등 소작구식 호의진정 정신조직

契心平等하여 所作俱息이면
狐疑盡淨하여 正信調直이라

　　마음에 계합하여 평등케 되어
　　짓고 짓는 바를 함께 쉬면
　　의심이 다하여 맑아지고
　　바른 믿음이 조화롭게 바르리라.

29 일체불유   무가기억   허명자조   불로심력

一切不留하여 無可記憶이로다
虛明自照하니 不勞心力이라

　　일체가 머물지 아니하면
　　기억할 아무것도 없나니
　　허허로이 밝아 스스로 비추나니
　　애써 마음 쓸 일 아니로다.

30 비사량처   식정난측   진여법계   무타무자

非思量處라 識情難測이로다
眞如法界엔 無他無自라

　　생각으로 헤아릴 곳 아님이라
　　의식과 망정으론 측량키 어렵도다.
　　바로 깨친 진여의 법계에는
　　남도 없고 나도 없음이라

31 요급상응　유언불이　불이개동　무불포용

要急相應하면 唯言不二이니

不二皆同하여 無不包容이로다

재빨리 상응코저 하거든
오직 불이를 말할 뿐이니
불이는 모두 같아서
포용하지 않음이 없도다.

32 시방지자　개입차종　종비촉연　일념만년

十方智者는 皆入此宗이라

宗非促延이니 一念萬年이요

시방의 지혜로운 이들은
다 이 종취에 들어옴이라.
종취는 짧거나 길지 아니하니
한 생각이 만년이요

33 무재부재　시방목전

無在不在라 十方目前이로다

　있고 있지 아니함이 없어서
　시방이 눈앞이로다.

34 극소동대　망절경계　극대동소　불견변표

極小同大하니 忘絶境界요

極大同小라 不見邊表이라

　지극히 작은 것은 큰 것과 같아서
　경계가 모두 끊어지고
　지극히 큰 것은 작은 것과 같아서
　그 끝과 겉을 볼 수 없음이라.

35 유즉시무　무즉시유　약불여시　필불수수

有卽是無요 無卽是有니
若不如是면 必不須守라

있음이 곧 없음이요
없음이 곧 있음이니
만약 이와 같지 않다면
반드시 지켜서는 안 되느니라.

36 일즉일체　일체즉일　단능여시　하려불필

一卽一切요 一切卽一이니
但能如是면 何慮不畢가

하나가 곧 일체요
일체가 곧 하나이니
다만 능히 이와 같다면
어찌 마치지 못함을 염려하랴.

37 신심불이 불이신심 언어도단 비거래금

信心不二요 不二信心이라
言語道斷하여 非去來今이로다

믿는 마음은 둘이 아니며
둘 아님이 믿는 마음이니
언어의 길이 끊어져서
과거 미래 현재도 아니로다.

불기 25   년   월   일

신 심 명 信心銘

01 지도무난 유혐간택 단막증애 통연명백

至道無難이요 唯嫌揀擇이니
但莫憎愛하면 洞然明白이라

지극한 도는 어렵지 않음이요
오직 간택함을 꺼릴 뿐이니
미워하고 사랑하지만 않으면
통연히 명백하니라.

02 호리유차 천지현격 욕득현전 막존순역

毫釐有差하면 天地懸隔하나니
欲得現前이어든 莫存順逆하라

털끝만큼이라도 차이가 있으면
하늘과 땅 사이로 벌어지나니
도가 앞에 나타나길 바라거든
따름과 거슬림을 두지 말라.

03 위순상쟁 시위심병 불식현지 도로염정

違順相爭이 是爲心病이니

不識玄旨하고 徒勞念靜이로다

어긋남과 따름이 서로 다툼은

이는 마음의 병이 됨이니

현묘한 뜻은 알지 못하고

공연히 생각만 고요히 하려 하도다.

04 원동태허 무흠무여 양유취사 소이불여

圓同太虛하여 無欠無餘어늘

良由取捨하여 所以不如라

둥글기가 큰 허공과 같아서

모자람도 없고 남음도 없거늘

취하고 버림으로 말미암아

그 까닭에 여여하지 못하도다.

05 막축유연　물주공인　일종평회　민연자진

莫逐有緣하고 勿住空忍하라
一種平懷하면 泯然自盡이라

세간의 인연도 따라가지 말고
출세간의 법에도 머물지 말라.
한 가지를 바르게 지니면
사라져 저절로 다하리라.

06 지동귀지　지갱미동　유체양변　영지일종

止動歸止하면 止更彌動하나니
唯滯兩邊이라 寧知一種가

움직임 그쳐 그침으로 돌아가면
그침이 다시 큰 움직임이 되나니
오직 양변에 머물러 있거니
어찌 한 가지임을 알 건가.

07 일종불통   양처실공   견유몰유 종공배공

一種不通하면 兩處失功이니
遣有沒有요 從空背空이라

　　한 가지에 통하지 못하면
　　양쪽 다 공덕을 잃으리니
　　있음을 버리면 있음에 빠지고
　　공함을 따르면 공함을 등지느니라.

08 다언다려   전불상응   절언절려   무처불통

多言多慮하면 轉不相應이요
絶言絶慮하면 無處不通이라

　　말이 많고 생각이 많으면
　　더욱 더 상응치 못함이요
　　말을 끊어지고 생각이 끊어지면
　　통하지 않는 곳 없느니라.

09 귀근득지 수조실종 수유반조 승각전공

歸根得旨요 隨照失宗이니
須臾返照하면 勝却前空이라

근본으로 돌아가면 뜻을 얻고
비춤을 따르면 종취를 잃나니
잠깐 사이에 돌이켜 비춰보면
앞의 공함보다 뛰어남이라.

10 전공전변 개유망견 불용구진 유수식견

前空轉變은 皆由妄見이니
不用求眞이요 唯須息見이라

앞의 공함이 전변함은
모두 망견 때문이니
참됨을 구하려 하지 말고
오직 망령된 견해만 쉴지니라.

11 이견부주　신물추심　재유시비　분연실심

二見不住하여 愼勿追尋하라

纔有是非하면 紛然失心이니라

　　두 견해에 머물지 말고
　　삼가 쫓아가 찾지 말라.
　　잠깐이라도 시비를 일으키면
　　어지러히 본 마음을 잃으리라.

12 이유일유　일역막수　일심불생　만법무구

二由一有니 一亦莫守하라

一心不生하면 萬法無咎니라

　　둘은 하나를 말미암아 있음이니
　　하나마저도 지키지 말라.
　　한마음이 나지 않으면
　　만법이 허물이 없느니라.

13 무구무법　불생불심　능수경멸　경축능침

無咎無法이요 不生不心이라
能隨境滅하고 境逐能沈하여

　　허물이 없으면 법도 없고
　　나지 않으면 마음이랄 것도 없음이라.
　　주관은 객관을 따라서 소멸하고
　　객관은 주관을 따라 잠기도다.

14 경유능경　능유경능　욕지양단　원시일공

境由能境이요 能由境能이니
欲知兩段인댄 元是一空이라

　　객관은 주관으로 말미암아 객관이요
　　주관은 객관으로 말미암아 주관이니
　　양단을 알고자 할진댄
　　원래 하나의 공이니라.

15 일공동양　제함만상　불견정추　영유편당

一空同兩이니　齊含萬像하여

不見精麤이니　寧有偏黨가

　　　하나의 공은 양단과 같아서
　　　삼라만상을 함께 다 포함하여
　　　세밀하고 거칠음을 보지 못하거니
　　　어찌 치우침이 있겠는가.

16 대도체관　무이무난　소견호의　전급전지

大道體寬하여　無易無難이어늘

小見狐疑하여　轉急轉遲로다

　　　대도는 본체가 넓어서
　　　쉬움도 없고 어려움도 없거늘
　　　좁은 견해는 여우 같은 의심을 내어
　　　서둘수록 더욱 더디어지도다.

17 집지실도 필입사로 방지자연 체무거주

執之失度라 必入私路요
妨之自然이니 體無去住라

집착하면 법도를 잃음이라
반드시 삿된 길에 들어가고
놓아 버리면 자연히 본래로 되어
본체는 가거나 머무름이 없도다.

18 임성합도 소요절뇌 계념괴진 혼침불호

任性合道하여 逍遙絶惱하고
繫念乖眞하여 昏沈不好니라

자성에 맡기면 도에 합하여
일 없는 듯 번뇌가 끊기고
생각에 얽매이면 참됨에 어긋나서
혼침함이 좋지 않느니라.

19 불호로신 하용소친 욕취일승 물오육진

不好勞神커든 何用疎親가
欲趣一乘이어든 勿惡六塵하라

좋지 않으면 신기를 괴롭히거늘
어찌 성기고 친함에 쓸건가.
일승으로 나아가고자 하거든
육진을 미워하지 말라.

20 육진불오 환동정각 지자무위 우인자박

六塵不惡하면 還同正覺이라
智者無爲어늘 愚人自縛이로다

육진을 미워하지 않으면
도리어 정각과 동일함이라.
지혜로운 이는 함이 없거늘
어리석은 사람은 스스로 얽매이도다.

21 법무이법　망자애착　장심용심　기비대착

法無異法이어늘 妄自愛著하여
將心用心하니 豈非大錯가

　　법에는 다른 법이 없거늘
　　망령되이 스스로 애착하여
　　마음을 가지고 마음을 쓰니
　　어찌 크게 그릇됨이 아니랴.

22 미생적란　오무호오　일체이변　망자짐작

迷生寂亂이요 悟無好惡이니
一切二邊은 妄自斟酌이로다

　　미혹하면 고요함과 어지러움이 생기고
　　깨치면 좋음과 미움이 없거니
　　모든 상대적인 두 견해는
　　망령되이 스스로 짐작하기 때문이로다.

23 몽환공화 하로파착 득실시비 일시방각

夢幻空華를 何勞把捉가
得失是非를 一時放却하라

꿈속의 허깨비와 헛꽃을
어찌 애써 잡으려 하는가.
얻고 잃음과 옳고 그름을
일시에 놓아 버려라.

24 안약불수 제몽자제 심약불이 만법일여

眼若不睡하면 諸夢自除오
心若不異하면 萬法一如니라

눈에 만약 졸음이 없으면
모든 꿈 저절로 없어지고
마음이 다르지 않으면
만법이 한결 같느니라.

25 일여체현 올이망연 만법제관 귀부자연

一如體玄하고 兀爾忘緣하여
萬法齊觀에 歸復自然이니라

하나 같이 본체가 현묘하여
올연히 인연을 잊어서
만법이 눈앞에 드러나니
돌아감이 자연스럽도다.

26 민기소이 불가방비 지동무동 동지무지

泯其所以하면 不可方比니
止動無動이요 動止無止라

그 까닭을 없애면
견주어 비할 바가 없음이니
멈추고 움직이되 움직임이 없고
움직이고 멈추되 멈춤이 없도다.

27 양기불성　일하유이　구경궁극　부존궤칙

兩旣不成이라 一何有爾아
究竟窮極하면 不存軌則이로다

　　둘이 이미 이루어지지 못하거니
　　하나인들 어찌 있을 건가.
　　구경을 궁극하면
　　일정한 법칙이 있지 않도다.

28 계심평등　소작구식　호의진정　정신조직

契心平等하여 所作俱息이면
狐疑盡淨하여 正信調直이라

　　마음에 계합하여 평등케 되어
　　짓고 짓는 바를 함께 쉬면
　　의심이 다하여 맑아지고
　　바른 믿음이 조화롭게 바르리라.

29 일체불유 무가기억 허명자조 불로심력

一切不留하여 無可記憶이로다
虛明自照하니 不勞心力이라

일체가 머물지 아니하면
기억할 아무것도 없나니
허허로이 밝아 스스로 비추나니
애써 마음 쓸 일 아니로다.

30 비사량처 식정난측 진여법계 무타무자

非思量處라 識情難測이로다
眞如法界엔 無他無自라

생각으로 헤아릴 곳 아님이라
의식과 망정으론 측량키 어렵도다.
바로 깨친 진여의 법계에는
남도 없고 나도 없음이라

31 요급상응　유언불이　불이개동　무불포용

要急相應하면 唯言不二이니

不二皆同하여 無不包容이로다

　　재빨리 상응코저 하거든
　　오직 불이를 말할 뿐이니
　　불이는 모두 같아서
　　포용하지 않음이 없도다.

32 시방지자　개입차종　종비촉연　일념만년

十方智者는 皆入此宗이라

宗非促延이니 一念萬年이요

　　시방의 지혜로운 이들은
　　다 이 종취에 들어옴이라.
　　종취는 짧거나 길지 아니하니
　　한 생각이 만년이요

33 무재부재 시방목전

無在不在라 十方目前이로다

있고 있지 아니함이 없어서
시방이 눈앞이로다.

34 극소동대 망절경계 극대동소 불견변표

極小同大하니 忘絶境界요
極大同小라 不見邊表이라

지극히 작은 것은 큰 것과 같아서
경계가 모두 끊어지고
지극히 큰 것은 작은 것과 같아서
그 끝과 겉을 볼 수 없음이라.

35 유즉시무 무즉시유 약불여시 필불수수

有卽是無요 無卽是有니
若不如是면 必不須守라

있음이 곧 없음이요
없음이 곧 있음이니
만약 이와 같지 않다면
반드시 지켜서는 안 되느니라.

36 일즉일체 일체즉일 단능여시 하려불필

一卽一切요 一切卽一이니
但能如是면 何慮不畢가

하나가 곧 일체요
일체가 곧 하나이니
다만 능히 이와 같다면
어찌 마치지 못함을 염려하랴.

신
심
명
67

37 신심불이 불이신심 언어도단 비거래금

信心不二요 不二信心이라
言語道斷하여 非去來今이로다

믿는 마음은 둘이 아니며
둘 아님이 믿는 마음이니
언어의 길이 끊어져서
과거 미래 현재도 아니로다.

불기 25 년 월 일

신 심 명 信心銘

01 지도무난   유혐간택   단막증애   통연명백

至道無難이요 唯嫌揀擇이니
但莫憎愛하면 洞然明白이라

지극한 도는 어렵지 않음이요
오직 간택함을 꺼릴 뿐이니
미워하고 사랑하지만 않으면
통연히 명백하니라.

02 호리유차   천지현격   욕득현전   막존순역

毫釐有差하면 天地懸隔하나니
欲得現前이어든 莫存順逆하라

털끝만큼이라도 차이가 있으면
하늘과 땅 사이로 벌어지나니
도가 앞에 나타나길 바라거든
따름과 거슬림을 두지 말라.

03 위순상쟁　시위심병　불식현지　도로염정

違順相爭이　是爲心病이니
不識玄旨하고　徒勞念靜이로다

　　어긋남과 따름이 서로 다툼은
　　이는 마음의 병이 됨이니
　　현묘한 뜻은 알지 못하고
　　공연히 생각만 고요히 하려 하도다.

04 원동태허　무흠무여　양유취사　소이불여

圓同太虛하여　無欠無餘어늘
良由取捨하여　所以不如라

　　둥글기가 큰 허공과 같아서
　　모자람도 없고 남음도 없거늘
　　취하고 버림으로 말미암아
　　그 까닭에 여여하지 못하도다.

05 막축유연 물주공인 일종평회 민연자진

莫逐有緣하고 勿住空忍하라
一種平懷하면 泯然自盡이라

세간의 인연도 따라가지 말고
출세간의 법에도 머물지 말라.
한 가지를 바르게 지니면
사라져 저절로 다하리라.

06 지동귀지 지갱미동 유체양변 영지일종

止動歸止하면 止更彌動하나니
唯滯兩邊이라 寧知一種가

움직임 그쳐 그침으로 돌아가면
그침이 다시 큰 움직임이 되나니
오직 양변에 머물러 있거니
어찌 한 가지임을 알 건가.

07 일종불통 양처실공 견유몰유 종공배공

一種不通하면 兩處失功이니
遣有沒有요 從空背空이라

한 가지에 통하지 못하면
양쪽 다 공덕을 잃으리니
있음을 버리면 있음에 빠지고
공함을 따르면 공함을 등지느니라.

08 다언다려 전불상응 절언절려 무처불통

多言多慮하면 轉不相應이요
絶言絶慮하면 無處不通이라

말이 많고 생각이 많으면
더욱 더 상응치 못함이요
말을 끊어지고 생각이 끊어지면
통하지 않는 곳 없느니라.

09 귀근득지 수조실종　수유반조　승각전공

歸根得旨요 隨照失宗이니
須臾返照하면 勝却前空이라

　　근본으로 돌아가면 뜻을 얻고
　　비춤을 따르면 종취를 잃나니
　　잠깐 사이에 돌이켜 비춰보면
　　앞의 공함보다 뛰어남이라.

10 전공전변　개유망견　불용구진　유수식견

前空轉變은 皆由妄見이니
不用求眞이요 唯須息見이라

　　앞의 공함이 전변함은
　　모두 망견 때문이니
　　참됨을 구하려 하지 말고
　　오직 망령된 견해만 쉴지니라.

11 이견부주 신물추심 재유시비 분연실심

二見不住하여 愼勿追尋하라

纔有是非하면 紛然失心이니라

두 견해에 머물지 말고
삼가 쫓아가 찾지 말라.
잠깐이라도 시비를 일으키면
어지러히 본 마음을 잃으리라.

12 이유일유 일역막수 일심불생 만법무구

二由一有니 一亦莫守하라

一心不生하면 萬法無咎니라

둘은 하나를 말미암아 있음이니
하나마저도 지키지 말라.
한마음이 나지 않으면
만법이 허물이 없느니라.

13 무구무법 불생불심 능수경멸 경축능침

無咎無法이요 不生不心이라
能隨境滅하고 境逐能沈하여

허물이 없으면 법도 없고
나지 않으면 마음이랄 것도 없음이라.
주관은 객관을 따라서 소멸하고
객관은 주관을 따라 잠기도다.

14 경유능경 능유경능 욕지양단 원시일공

境由能境이요 能由境能이니
欲知兩段인댄 元是一空이라

객관은 주관으로 말미암아 객관이요
주관은 객관으로 말미암아 주관이니
양단을 알고자 할진댄
원래 하나의 공이니라.

15 일공동양 제함만상 불견정추 영유편당

一空同兩이니 齊含萬像하여
不見精麤이니 寧有偏黨가

　　하나의 공은 양단과 같아서
　　삼라만상을 함께 다 포함하여
　　세밀하고 거칠음을 보지 못하거니
　　어찌 치우침이 있겠는가.

16 대도체관 무이무난 소견호의 전급전지

大道體寬하여 無易無難이어늘
小見狐疑하여 轉急轉遲로다

　　대도는 본체가 넓어서
　　쉬움도 없고 어려움도 없거늘
　　좁은 견해는 여우 같은 의심을 내어
　　서둘수록 더욱 더디어지도다.

17 집지실도 필입사로 방지자연 체무거주

執之失度라 必入私路요

妨之自然이니 體無去住라

집착하면 법도를 잃음이라
반드시 삿된 길에 들어가고
놓아 버리면 자연히 본래로 되어
본체는 가거나 머무름이 없도다.

18 임성합도 소요절뇌 계념괴진 혼침불호

任性合道하여 逍遙絶惱하고

繫念乖眞하여 昏沈不好니라

자성에 맡기면 도에 합하여
일 없는 듯 번뇌가 끊기고
생각에 얽매이면 참됨에 어긋나서
혼침함이 좋지 않느니라.

19 불호로신　하용소친　욕취일승　물오육진

不好勞神커든 何用疎親가
欲趣一乘이어든 勿惡六塵하라

　　좋지 않으면 신기를 괴롭히거늘
　　어찌 성기고 친함에 쓸건가.
　　일승으로 나아가고자 하거든
　　육진을 미워하지 말라.

20 육진불오　환동정각　지자무위　우인자박

六塵不惡하면 還同正覺이라
智者無爲어늘 愚人自縛이로다

　　육진을 미워하지 않으면
　　도리어 정각과 동일함이라.
　　지혜로운 이는 함이 없거늘
　　어리석은 사람은 스스로 얽매이도다.

신심명

79

21 법무이법 망자애착 장심용심 기비대착

法無異法이어늘 妄自愛著하여
將心用心하니 豈非大錯가

법에는 다른 법이 없거늘
망령되이 스스로 애착하여
마음을 가지고 마음을 쓰니
어찌 크게 그릇됨이 아니랴.

22 미생적란 오무호오 일체이변 망자짐작

迷生寂亂이요 悟無好惡이니
一切二邊은 妄自斟酌이로다

미혹하면 고요함과 어지러움이 생기고
깨치면 좋음과 미움이 없거니
모든 상대적인 두 견해는
망령되이 스스로 짐작하기 때문이로다.

23 몽환공화 하로파착 득실시비 일시방각

夢幻空華를 何勞把捉가
得失是非를 一時放却하라

꿈속의 허깨비와 헛꽃을
어찌 애써 잡으려 하는가.
얻고 잃음과 옳고 그름을
일시에 놓아 버려라.

24 안약불수 제몽자제 심약불이 만법일여

眼若不睡하면 諸夢自除요
心若不異하면 萬法一如니라

눈에 만약 졸음이 없으면
모든 꿈 저절로 없어지고
마음이 다르지 않으면
만법이 한결 같느니라.

25 일여체현 올이망연 만법제관 귀부자연

一如體玄하고 兀爾忘緣하여
萬法齊觀에 歸復自然이니라

하나 같이 본체가 현묘하여
올연히 인연을 잊어서
만법이 눈앞에 드러나니
돌아감이 자연스럽도다.

26 민기소이 불가방비 지동무동 동지무지

泯其所以하면 不可方比니
止動無動이요 動止無止라

그 까닭을 없애면
견주어 비할 바가 없음이니
멈추고 움직이되 움직임이 없고
움직이고 멈추되 멈춤이 없도다.

27 양기불성 일하유이 구경궁극 부존궤칙

兩旣不成이라 一何有爾아
究竟窮極하면 不存軌則이로다

둘이 이미 이루어지지 못하거니
하나인들 어찌 있을 건가.
구경을 궁극하면
일정한 법칙이 있지 않도다.

28 계심평등 소작구식 호의진정 정신조직

契心平等하여 所作俱息이면
狐疑盡淨하여 正信調直이라

마음에 계합하여 평등케 되어
짓고 짓는 바를 함께 쉬면
의심이 다하여 맑아지고
바른 믿음이 조화롭게 바르리라.

29 일체불유 무가기억 허명자조 불로심력

一切不留하여 無可記憶이로다
虛明自照하니 不勞心力이라

　　일체가 머물지 아니하면
　　기억할 아무것도 없나니
　　허허로이 밝아 스스로 비추나니
　　애써 마음 쓸 일 아니로다.

30 비사량처 식정난측 진여법계 무타무자

非思量處라 識情難測이로다
眞如法界엔 無他無自라

　　생각으로 헤아릴 곳 아님이라
　　의식과 망정으론 측량키 어렵도다.
　　바로 깨친 진여의 법계에는
　　남도 없고 나도 없음이라

31 요급상응 유언불이 불이개동 무불포용

要急相應하면 唯言不二이니
不二皆同하여 無不包容이로다

　　재빨리 상응코저 하거든
　　오직 불이를 말할 뿐이니
　　불이는 모두 같아서
　　포용하지 않음이 없도다.

32 시방지자 개입차종 종비촉연 일념만년

十方智者는 皆入此宗이라
宗非促延이니 一念萬年이요

　　시방의 지혜로운 이들은
　　다 이 종취에 들어옴이라.
　　종취는 짧거나 길지 아니하니
　　한 생각이 만년이요

33 무재부재   시방목전

無在不在라 十方目前이로다

있고 있지 아니함이 없어서
시방이 눈앞이로다.

34 극소동대   망절경계   극대동소   불견변표

極小同大하니 忘絶境界요
極大同小라 不見邊表이라

지극히 작은 것은 큰 것과 같아서
경계가 모두 끊어지고
지극히 큰 것은 작은 것과 같아서
그 끝과 겉을 볼 수 없음이라.

35 유즉시무 무즉시유 약불여시 필불수수

有卽是無요 無卽是有니
若不如是면 必不須守라

있음이 곧 없음이요
없음이 곧 있음이니
만약 이와 같지 않다면
반드시 지켜서는 안 되느니라.

36 일즉일체 일체즉일 단능여시 하려불필

一卽一切요 一切卽一이니
但能如是면 何慮不畢가

하나가 곧 일체요
일체가 곧 하나이니
다만 능히 이와 같다면
어찌 마치지 못함을 염려하랴.

37 신심불이　불이신심　언어도단　비거래금

信心不二요 不二信心이라
言語道斷하여 非去來今이로다

믿는 마음은 둘이 아니며
둘 아님이 믿는 마음이니
언어의 길이 끊어져서
과거 미래 현재도 아니로다.

불기 25　　년　　월　　일

신 심 명 信心銘

01 지도무난 유혐간택 단막증애 통연명백

至道無難이요 唯嫌揀擇이니
但莫憎愛하면 洞然明白이라

지극한 도는 어렵지 않음이요
오직 간택함을 꺼릴 뿐이니
미워하고 사랑하지만 않으면
통연히 명백하니라.

02 호리유차 천지현격 욕득현전 막존순역

毫釐有差하면 天地懸隔하나니
欲得現前이어든 莫存順逆하라

털끝만큼이라도 차이가 있으면
하늘과 땅 사이로 벌어지나니
도가 앞에 나타나길 바라거든
따름과 거슬림을 두지 말라.

03 위순상쟁 시위심병 불식현지 도로염정

違順相爭이 是爲心病이니
不識玄旨하고 徒勞念靜이로다

어긋남과 따름이 서로 다툼은
이는 마음의 병이 됨이니
현묘한 뜻은 알지 못하고
공연히 생각만 고요히 하려 하도다.

04 원동태허 무흠무여 양유취사 소이불여

圓同太虛하여 無欠無餘어늘
良由取捨하여 所以不如라

둥글기가 큰 허공과 같아서
모자람도 없고 남음도 없거늘
취하고 버림으로 말미암아
그 까닭에 여여하지 못하도다.

05 막축유연 물주공인 일종평회 민연자진

莫逐有緣하고 勿住空忍하라
一種平懷하면 泯然自盡이라

세간의 인연도 따라가지 말고
출세간의 법에도 머물지 말라.
한 가지를 바르게 지니면
사라져 저절로 다하리라.

06 지동귀지 지갱미동 유체양변 영지일종

止動歸止하면 止更彌動하나니
唯滯兩邊이라 寧知一種가

움직임 그쳐 그침으로 돌아가면
그침이 다시 큰 움직임이 되나니
오직 양변에 머물러 있거니
어찌 한 가지임을 알 건가.

07 일종불통 양처실공 견유몰유 종공배공

一種不通하면 兩處失功이니
遣有沒有요 從空背空이라

한 가지에 통하지 못하면
양쪽 다 공덕을 잃으리니
있음을 버리면 있음에 빠지고
공함을 따르면 공함을 등지느니라.

08 다언다려 전불상응 절언절려 무처불통

多言多慮하면 轉不相應이요
絶言絶慮하면 無處不通이라

말이 많고 생각이 많으면
더욱 더 상응치 못함이요
말을 끊어지고 생각이 끊어지면
통하지 않는 곳 없느니라.

09 귀근득지 수조실종 수유반조 승각전공

歸根得旨요 隨照失宗이니
須臾返照하면 勝却前空이라

근본으로 돌아가면 뜻을 얻고
비춤을 따르면 종취를 잃나니
잠깐 사이에 돌이켜 비춰보면
앞의 공함보다 뛰어남이라.

10 전공전변 개유망견 불용구진 유수식견

前空轉變은 皆由妄見이니
不用求眞이요 唯須息見이라

앞의 공함이 전변함은
모두 망견 때문이니
참됨을 구하려 하지 말고
오직 망령된 견해만 쉴지니라.

11 이견부주 신물추심 재유시비 분연실심

二見不住하여 愼勿追尋하라
纔有是非하면 紛然失心이니라

두 견해에 머물지 말고
삼가 쫓아가 찾지 말라.
잠깐이라도 시비를 일으키면
어지러히 본 마음을 잃으리라.

12 이유일유 일역막수 일심불생 만법무구

二由一有니 一亦莫守하라
一心不生하면 萬法無咎니라

둘은 하나를 말미암아 있음이니
하나마저도 지키지 말라.
한마음이 나지 않으면
만법이 허물이 없느니라.

13 무구무법 불생불심 능수경멸 경축능침

無咎無法이요 不生不心이라
能隨境滅하고 境逐能沈하여

허물이 없으면 법도 없고
나지 않으면 마음이랄 것도 없음이라.
주관은 객관을 따라서 소멸하고
객관은 주관을 따라 잠기도다.

14 경유능경 능유경능 욕지양단 원시일공

境由能境이요 能由境能이니
欲知兩段인댄 元是一空이라

객관은 주관으로 말미암아 객관이요
주관은 객관으로 말미암아 주관이니
양단을 알고자 할진댄
원래 하나의 공이니라.

15 일공동양　제함만상　불견정추　영유편당

一空同兩이니 齊含萬像하여

不見精麤이니 寧有偏黨가

　　하나의 공은 양단과 같아서
　　삼라만상을 함께 다 포함하여
　　세밀하고 거칠음을 보지 못하거니
　　어찌 치우침이 있겠는가.

16 대도체관　무이무난　소견호의　전급전지

大道體寬하여 無易無難이어늘

小見狐疑하여 轉急轉遲로다

　　대도는 본체가 넓어서
　　쉬움도 없고 어려움도 없거늘
　　좁은 견해는 여우 같은 의심을 내어
　　서둘수록 더욱 더디어지도다.

17 집지실도 필입사로 방지자연 체무거주

執之失度라 必入私路요

妨之自然이니 體無去住라

　　집착하면 법도를 잃음이라
　　반드시 삿된 길에 들어가고
　　놓아 버리면 자연히 본래로 되어
　　본체는 가거나 머무름이 없도다.

18 임성합도 소요절뇌 계념괴진 혼침불호

任性合道하여 逍遙絶惱하고

繫念乖眞하여 昏沈不好니라

　　자성에 맡기면 도에 합하여
　　일 없는 듯 번뇌가 끊기고
　　생각에 얽매이면 참됨에 어긋나서
　　혼침함이 좋지 않느니라.

19 불호로신　하용소친　육취일승　물오육진

不好勞神커든 何用疎親가

欲趣一乘이어든 勿惡六塵하라

좋지 않으면 신기를 괴롭히거늘
어찌 성기고 친함에 쓸건가.
일승으로 나아가고자 하거든
육진을 미워하지 말라.

20 육진불오　환동정각　지자무위　우인자박

六塵不惡하면 還同正覺이라

智者無爲어늘 愚人自縛이로다

육진을 미워하지 않으면
도리어 정각과 동일함이라.
지혜로운 이는 함이 없거늘
어리석은 사람은 스스로 얽매이도다.

21 법무이법   망자애착   장심용심   기비대착

法無異法이어늘 妄自愛著하여
將心用心하니 豈非大錯가

    법에는 다른 법이 없거늘
    망령되이 스스로 애착하여
    마음을 가지고 마음을 쓰니
    어찌 크게 그릇됨이 아니랴.

22 미생적란   오무호오   일체이변   망자짐작

迷生寂亂이요 悟無好惡이니
一切二邊은 妄自斟酌이로다

    미혹하면 고요함과 어지러움이 생기고
    깨치면 좋음과 미움이 없거니
    모든 상대적인 두 견해는
    망령되이 스스로 짐작하기 때문이로다.

23 몽환공화 하로파착 득실시비 일시방각

夢幻空華를 何勞把捉가
得失是非를 一時放却하라

　　꿈속의 허깨비와 헛꽃을
　　어찌 애써 잡으려 하는가.
　　얻고 잃음과 옳고 그름을
　　일시에 놓아 버려라.

24 안약불수 제몽자제 심약불이 만법일여

眼若不睡하면 諸夢自除요
心若不異하면 萬法一如니라

　　눈에 만약 졸음이 없으면
　　모든 꿈 저절로 없어지고
　　마음이 다르지 않으면
　　만법이 한결 같느니라.

25 일여체현　올이망연　만법제관　귀부자연

一如體玄하고 兀爾忘緣하여
萬法齊觀에 歸復自然이니라

　　하나 같이 본체가 현묘하여
　　올연히 인연을 잊어서
　　만법이 눈앞에 드러나니
　　돌아감이 자연스럽도다.

26 민기소이　불가방비　지동무동　동지무지

泯其所以하면 不可方比니
止動無動이요 動止無止라

　　그 까닭을 없애면
　　견주어 비할 바가 없음이니
　　멈추고 움직이되 움직임이 없고
　　움직이고 멈추되 멈춤이 없도다.

27 양기불성 일하유이 구경궁극 부존궤칙

兩旣不成이라 一何有爾아
究竟窮極하면 不存軌則이로다

둘이 이미 이루어지지 못하거니
하나인들 어찌 있을 건가.
구경을 궁극하면
일정한 법칙이 있지 않도다.

28 계심평등 소작구식 호의진정 정신조직

契心平等하여 所作俱息이면
狐疑盡淨하여 正信調直이라

마음에 계합하여 평등케 되어
짓고 짓는 바를 함께 쉬면
의심이 다하여 맑아지고
바른 믿음이 조화롭게 바르리라.

29 일체불유　무가기억　허명자조　불로심력

一切不留하여 無可記憶이로다
虛明自照하니 不勞心力이라

　　일체가 머물지 아니하면
　　기억할 아무것도 없나니
　　허허로이 밝아 스스로 비추나니
　　애써 마음 쓸 일 아니로다.

30 비사량처　식정난측　진여법계　무타무자

非思量處라 識情難測이로다
眞如法界엔 無他無自라

　　생각으로 헤아릴 곳 아님이라
　　의식과 망정으론 측량키 어렵도다.
　　바로 깨친 진여의 법계에는
　　남도 없고 나도 없음이라

31 요급상응 유언불이 불이개동 무불포용

要急相應하면 唯言不二이니

不二皆同하여 無不包容이로다

　　재빨리 상응코저 하거든
　　오직 불이를 말할 뿐이니
　　불이는 모두 같아서
　　포용하지 않음이 없도다.

32 시방지자 개입차종 종비촉연 일념만년

十方智者는 皆入此宗이라

宗非促延이니 一念萬年이요

　　시방의 지혜로운 이들은
　　다 이 종취에 들어옴이라.
　　종취는 짧거나 길지 아니하니
　　한 생각이 만년이요

33 무재부재 시방목전

無在不在라 十方目前이로다

있고 있지 아니함이 없어서
시방이 눈앞이로다.

34 극소동대 망절경계 극대동소 불견변표

極小同大하니 忘絶境界요
極大同小라 不見邊表이라

지극히 작은 것은 큰 것과 같아서
경계가 모두 끊어지고
지극히 큰 것은 작은 것과 같아서
그 끝과 겉을 볼 수 없음이라.

35 유즉시무 무즉시유 약불여시 필불수수

有卽是無요 無卽是有니
若不如是면 必不須守라

있음이 곧 없음이요
없음이 곧 있음이니
만약 이와 같지 않다면
반드시 지켜서는 안 되느니라.

36 일즉일체 일체즉일 단능여시 하려불필

一卽一切요 一切卽一이니
但能如是면 何慮不畢가

하나가 곧 일체요
일체가 곧 하나이니
다만 능히 이와 같다면
어찌 마치지 못함을 염려하랴.

37 신심불이 불이신심 언어도단 비거래금

信心不二요 不二信心이라
言語道斷하여 非去來今이로다

믿는 마음은 둘이 아니며
둘 아님이 믿는 마음이니
언어의 길이 끊어져서
과거 미래 현재도 아니로다.

불기 25   년   월   일

사 경 본
우리말 신심명

2022(불기2566)년 4월 20일 초판 1쇄 발행

편 집·편 집 실
발행인·김 동 금
만든곳·우리출판사

서울특별시 서대문구 경기대로9길 62
☎ (02)313-5047, 313-5056
Fax. (02)393-9696
wooribooks@hanmail.net
www.wooribooks.com
등록 : 제9-139호

ISBN 978-89-7561-353-1 13220

정가 6,000원